Secretos de inversión
a largo plazo

Contenido

Las precauciones al invertir en criptomonedas 5

Lo que debes tener presente al invertir en criptomonedas a largo plazo 11

¿Es rentable de invertir en criptomonedas a largo plazo? 15

La especulación al invertir a largo plazo en criptomonedas 18

La cotización del Bitcoin con una mirada a largo plazo 21

Cómo puedes construir el portafolio de criptomonedas a largo plazo 23

¿Las criptomonedas pueden ser inversiones a largo plazo? 34

La formación de una estrategia para invertir en criptomonedas a largo plazo 36

Ejemplos y visiones para invertir a largo plazo en criptomonedas 57

Las estrategias más efectivas al invertir en Cardano 63

Lo que debes tener presente al invertir a largo plazo en criptomonedas 65

Las consideraciones y dudas sobre el trading a largo plazo 74

El rol de inversión del social trading 78

La tendencia "HODL or die" 84

Medidas para invertir en Bitcoin a largo plazo 85

Las inversiones a largo plazo en criptomonedas se encuentran en tendencia por la gran cantidad de usuarios que apuestan por esta vía, aunque es una opción volátil, también es cierto que existen testimonios de éxito que atraen a cualquiera, pero debes conocer las mejores estrategias para que tomes las mejores decisiones.

Debes mantener la mente abierta a conocer cada vez más acerca de este entorno, porque las criptomonedas están generando un auge importante, con resultados exorbitantes, como también pérdidas considerables, por ello no puedes dar nada por hecho, ni dejar de arriesgarte por obtener un margen positivo para tu vida.

Las precauciones al invertir en criptomonedas

Al pensar en las criptomonedas como una medida de inversión a largo plazo, no olvides considerar ciertas previsiones, ya que por un lado se encuentra el amplio atractivo de que una moneda digital como Bitcoin llegara a superar los $40.000 USD, pero muchos lo pueden describir como una trayectoria de altibajos donde debes tener paciencia.

A través de algún movimiento del mercado, se puede generar un cambio impredecible sobre el valor de alguna criptomoneda, llegando a superar tus expectativas por completo, o, por otro lado, puede destruir cualquier ilusión, son cotizaciones que pueden ir a favor o en contra de ti, en el caso del Bitcoin tuvo sus lapsos escépticos hasta un estallido.

Pero el ejemplo de esta criptomoneda pionera, te permite saber lo activo que es este medio, donde las tendencias del mercado son las que imponen condiciones, desde el 2018 en adelante las inversiones sobre estos activos se han disparado, y con esas mismas inversiones el precio de las criptomonedas se ha modificado.

El mercado actual de las criptomonedas atraviesa una etapa mucho más madura y consciente, donde resalta también la participación de los medios institucionales, por ello es un panorama confiable para distintos usuarios, aunque no deja de ser un espacio donde en cualquier momento un activo se desploma o va en alza.

La chispa volátil de las criptomonedas no desaparece, pero existen ciertos pasos que te pueden ayudar a regular lo que suceda, ya que con una serie de alternativas puedes disponer de mayor confianza ante algún evento, por ello debes conocer las siguientes previsiones al realizar tu inversión:

1. Adquiere suficiente experiencia

Puede parecer una recomendación básica, pero dentro de cada mercado financiero se requiere conocimiento y experiencia para tomar decisiones, además de asumir convivir con el riesgo que implica la volatilidad, sobre todo cuando se trata de criptográficos, donde más precauciones debes tomar en cuenta.

No hay duda que a lo largo del tiempo Bitcoin se ha encargado de demostrar la variabilidad de un precio, pero esto no debe ahuyentar a nadie, debido a que todo mercado posee riesgos, aunque la ventaja se encuentra sobre la mirada hacia el futuro, ya que es una alternativa rentable a largo plazo, por los distintos resultados positivos expuestos.

La volatilidad que hay dentro de este ámbito puede favorecerte a largo plazo, porque la valorización tiene más posibilidades de someterse a un alza que a una baja, pero lo importante a aceptar es que el riesgo no está sólo sobre la moneda, sino sobre la fuerza de arranque que disponen, por ello pueden derrumbar cualquier mercado y de forma reiterada.

Por este motivo la evaluación es una facultad que todo inversionista debe disponer, ya que eso te permite determinar si el activo cumple con el perfil adecuado para invertir, así como también tú mismo debes someterte a cuestionamientos para medir ti pulso, sobre todo entendiendo que serás parte de un mercado altamente volátil.

Dominar ese aspecto impredecible puede ser complicado para algunos inversionistas, esto se debe a la inexperiencia sobre este sector, aumentan por completo la importancia del análisis previo de lo que vas a encontrarte o a la que estarás sometido, por ello no es una alternativa tan recomendable para los más novatos, debes tener una base previa.

2. No coloques todos tus fondos en un único activo

El punto de partida para invertir, y sobre todo para decidir el tipo de activo sobre el cual vas a apostar es por medio de la investigación a fondo de lo que representa invertir en activos digitales, ya que eso te permite dominar y trabajar con todos los riesgos que se desprenden de ese nivel de volatilidad que abunda en el mercado.

Además del nivel volátil del mercado, debes tener en cuenta y conocer que existen más de 7.000 monedas digitales, pero no todas funcionan o encajan con una inversión a largo plazo, del mismo modo no todas logran sobrevivir, por ello al entrar en este mercado, debes informarte sobre la función de la criptomoneda que te llame la atención.

Al comprender a fondo todo lo que hay detrás de este activo, puedes invertir con mayor claridad, puedes poner en práctica cualquier pauta o regla sobre las inversiones tradicionales, por este motivo es fundamental que puedas invertir de manera diversificada, en lugar de sólo dedicar todos tus fondos sobre una misma criptomoneda.

En el caso de los inversores más profesionales, recomiendan o utilizan un patrón de destinar una parte de su cartera, es decir únicamente emplear el 5% o 10% sobre un mercado, la distribución del porcentaje tiene muchas modalidades o prácticas, lo habitual es dedicar un 80% a la que te genera confianza y un 15% al resto de un activo o activos.

3. Sigue de cerca las noticias y el análisis técnico

Cuando eres parte del mercado de criptomonedas, no puedes dejar de consultar todo lo que suceda en la actualidad, porque un activo posee movimientos en torno a las noticias, esto puede ser tan susceptible como un rumor, o un simple tuit, tal como sucede de forma constante con Elon Musk, el cual influye directamente con Bitcoin o Dogecoin.

Es un entorno donde todo se vale, por ese motivo debes mantener los filtros activos para reconocer lo que esté sucediendo dentro de la industria, al leer cada información con esa perspectiva puede tomar medidas sobre tu inversión, sobre todo si se trata de próximos lanzamientos.

Más allá de las celebridades, existen más factores que mueven el mercado, ya que ciertos fondos de cobertura ejercen cierta influencia y forma parte de esas noticias que causan revuelo sobre el mercado, porque la volatilidad depende de este tipo de factores o variables, pero no significa que debas abandonar el análisis técnico.

En un día se presentan una gran cantidad de movimientos, los cuales dejan una estela conocida como volumen que se puede estudiar para detectar alguna incidencia, porque detrás del cambio de precio de un activo se puede evidenciar una serie de posiciones a explotar al momento de invertir.

Lo que debes tener presente al invertir en criptomonedas a largo plazo

La inversión en criptomonedas a largo plazo puede convertirse en una decisión rentable, aunque es un mercado enorme que debes conocer a profundidad, mientras tomes en cuenta algunos datos puedes seguir ese tipo de orientación, aunque esta forma de inversión virtual te permite indagar cada forma de operación.

Lo importante es que no se trata de una forma centralizada, sino todo lo contrario, los bancos o instituciones no intervienen, sino que se tratan de algoritmos, los cuales permiten que la compra y venta sea sencilla, donde se manifiesta un nivel de seguridad y velocidad atractivo en comparación de otros activos.

El valor alto es un llamado de atención enorme, para ello debes saber los siguientes puntos como uno de los primeros pasos para empezar a invertir:

- **Medidas para invertir en criptomonedas**

Una norma general es comenzar invirtiendo poco para que puedas aprender de tus errores, además es una ayuda para disminuir cualquier nivel de ansiedad que puedas estar presentando, lo esencial es que no te adelantes y tengas paciencia al momento de empezar, este es el mejor camino para hallar y desarrollar estrategias asociadas al comercio.

Por otro lado, tal como se ha reiterado la preparación lo es todo antes de realizar un paso importante, así debes investigar sobre la tecnología blockchain, la cual se desarrolla por medio de un registro único, y es lo que permite el movimiento de las monedas digitales, como también es vital conocer sobre suministro circulante vs el total de monedas.

La circulación de las monedas, está compuesto por las que se van generando como por las que están a disponibilidad de la existencia, esto se conoce como inflación, donde participan los intercambios de billeteras, las claves tanto públicas como privadas, dominar esto te permite limitar algún problema en el futuro al invertir.

Por ello el truco está en leer lo más que puedas, de ese modo puedes dar pasos más concretos al invertir en criptomonedas, esto es parte de la esencia del mercado, y en el futuro es una medida que te va a ayudar a que no pierdas dinero, a medida que aprendas vas a confiar mucho más en tus decisiones.

La experiencia se puede adquirir al leer, y al entender cada uno de tus errores, además es un camino arriesgado, pero poco a poco te puede ir excelente, una vez que encuentres una buena inversión que forme parte de estas monedas digitales, donde en cada paso necesitas evaluar el tipo de intercambio a realizar.

Puedes tomarte el tiempo que haga falta, no hay prisa porque todo depende de tu conveniencia, apelando por tarifas atractivas porque sin importar lo grande o pequeña que sea la inversión debes apuntar hacia resultados positivos, pero nunca debes invertir más de lo que estés dispuesto a perder.

- **Las criptomonedas con mayor atención o popularidad en el mercado**

La actividad comercial de cada criptomoneda es altamente rentable, aunque necesitas seguir de cerca algunas imposiciones para que entiendas todo lo que hay detrás de una venta o compra, ya que esto tiene impacto directo sobre las criptomonedas, el comercio en líneas generales posee algunas oportunidades o alternativas fijas.

Una de las mejores incidencias sobre las criptomonedas es la de Ethereum, ya que se ha convertido en una de las criptomonedas más grande en lo que respecta a capitalización, fue creada en el año 2014, esta además funge como plataforma y utiliza la moneda Ether, una moneda que se mantiene funcionando con Smart Contracts.

Por otro lado, la importancia de Bitcoin es vigente al ser una de las primeras, por eso cuenta con una huella valiosa en el mercado, desde el 2009 ha crecido por completo bajo un suministro tope de 21 millones de bitcoins, al transar con las mismas se desarrolla una operación anónima, por ello los clientes no identifican dichas transacciones.

En tercer lugar, la puesta se estaciona sobre Litecoin, ya que forma parte del proyecto de Bitcoin, funciona como una red global totalmente descentralizada con los pagos desarrollados por medio de código abierto, esta criptomoneda se usa mucho más en transacciones instantáneas, o se puede usar para comprar otras criptomonedas.

La inversión en criptomonedas es un mundo amplio de oportunidades, el dinero digital es parte del futuro, por ello apegarse a conocer a fondo el mercado te puede dejar mejores dividendos, las ganancias están a un paso de ti.

¿Es rentable de invertir en criptomonedas a largo plazo?

Invertir en alguna criptomoneda, sobre todo de la talla del Bitcoin es considerada como una de las más volátiles, debido a que los precios están sometidos a distintas fluctuaciones, pero esto no significa que deje de ser un activo de gran atractivo, sobre todo si se compara con los activos físicos.

Distintos analistas mantienen una creencia plena sobre la inversión en criptomonedas a largo plazo, esto se conoce como Hodl, lo que significa que debes mantener la criptomoneda en lugar de venderla, entendiendo el principio de que las criptomonedas son unas inversiones mucho más convenientes a nivel particular que para las empresas.

Normalmente se duda acerca de las criptomonedas por el tipo de polémicas que las rodean, pero también otros aspectos impulsan el nivel de volatilidad, lo cual incluye sobre el precio de los activos, lo cual puede interpretarse como un ecosistema inestable, hasta el punto de que no sean bien vistas ante algunos inversores.

Más allá de las polémicas que rondan a las criptomonedas, te puedes acercar de manera progresiva a las inversiones a largo plazo, siendo una gran alternativa con un grado de riesgo elevado pero asumible, la única contra a tener presente es que a largo plazo puedes enfrentarte a las caídas de los precios del mercado.

Las fuertes caídas son los únicos enemigos, ya que poseen incidencia directa sobre los precios de las criptomonedas, porque se trata de un mercado criptográfico amplio y los activos cambian como parte de la tecnología Blockchain por ser un arma de futuro, en medio de este ofrecimiento se encuentra la posibilidad de:

- **Trading de criptomonedas**

La inversión de criptomonedas, se hace realidad bajo la función del trading de criptomoneda, donde puedes vender y comprar para sacar provecho de las fluctuaciones que se estén desarrollando, esto lo puedes realizar desde alguna wallet ya que son agentes especializados para realizar esta finalidad.

Dentro de las opciones más populares para realizar trading, resalta Binance, Coinbase Pro, Poloniex, Kraken, Bitfine y Bitrex.

- **Inversión a largo plazo en cripto activos**

Lo que representan a las inversiones a largo plazo, se clasifican como proyectos de blockchain como una vista a largo plazo, pero que se desarrolla como un tipo ERC 20 en medio del blockchain de Ethereum, es un tipo de inversión que demanda un alto nivel de conocimiento, en comparativa como lo es la inversión en fondos de capital de riesgo.

- **Fondo de pensiones destinados a las criptomonedas**

Algunas instituciones están empezando a apostar por crear un fondo en base de cripto activos, destinado para las pensiones para tener un gestor de activos de divisas digitales, esto se convierte en un gran avance para las instituciones, ya que permite crear una cuenta de jubilación, hasta el punto de ser inversores en criptomonedas.

Invertir en un fondo de criptomonedas puede generar importantes resultados en el futuro, cada vez más personas están motivadas en dar este paso, el cual puede resultar una inversión exitosa que te brinde tranquilidad, esta clase de influencia se está presentando sobre el mercado de criptomonedas.

No cabe duda que la inversión en criptomonedas a largo plazo, mientras que puedas asumir el riesgo, lo demás es mantener un plazo persistente y paciente, sobre todo para que surja alguna rentabilidad positiva a tu favor.

La especulación al invertir a largo plazo en criptomonedas

Todo gran inversor incluye a las criptomonedas como un sustento importante en la actualidad, sobre todo porque es un activo que se revaloriza a largo plazo, dejado buenos dividendos sobre las carteras, por ello las criptomonedas se observan como una reserva de valor, tal como en su época lo era el oro.

Entre el Bitcoin y el Ethereum, se conocen como los mayores activos en el mundo, debido a su nivel exorbitante de ascenso, donde cada mes superaron sus precios o valores, retando cualquier pronóstico, pero también es cierto que decaen drásticamente, como el Bitcoin, rondando sobre los $40,000 USD y luego bajar hasta $35,000 USD.

Estas demostraciones son un claro ejemplo del nivel de volatilidad, a lo largo de su historia se han repetido estos escenarios, pero al mismo tiempo es uno de los motivos por los cuales resulta atractivo, ya que la especulación se puede usar a tu favor, este componente es una tentación para generar un porcentaje de ganancia.

Los paradigmas alrededor de las criptomonedas, han cambiado y prefieren este camino por encima de las instituciones tradicionales, donde escépticos dejan abierta la posibilidad de cotizar por esta vía, la cual es una protección de la inflación que puedes urgir sobre algún tipo de entidad financiera centralizada.

Este activo es capaz de superar todo tipo de especulación, por ello se integra como un tipo de cartera de inversión a largo plazo, más allá de cualquier cambio en el mercado, estos activos logran mantenerse saludables en cuanto a la ganancia, son inversiones que se traducen en multiactivos, aunque el enemigo a superar es esa barrera de retirarse demasiado pronto.

Lo más seguro es que la visión a largo plazo necesita apoyo, con una perspectiva positiva sobre el activo, eso es lo que permite que en el futuro alguna nueva subida pueda ser cosechada de manera exitosa, es lo que consolida el nivel de ganancia que generas, esta es una dirección estudiada a gran escala para seguir tendencias alcistas.

En cambio, una caída de precios puede ser aprovechada para aumentar el tipo de ganancia que obtengas, ya que se usa como un precio económico para cosechar porcentajes llamativos, por ello es una opción favorable hasta para los minoristas, es un potencial explícito sobre la reserva de valor, es una especie de oro virtual.

La capacidad de una criptomoneda para dejar a un lado la inflación es muy importante, es un tipo de refugio moderno, por ello estos activos financieros permiten una amplia diversificación de inversiones, es una manera de aprovechar al máximo el lado especulativo, en medio del alza puedes realizar seguimiento del Bitcoin y Ethereum.

Todo lo que arrastra una criptomoneda es notorio sobre sus movimientos, pero es una marcha que funciona al alza o a la baja, en algún punto las alzas han alcanzado máximos históricos, en este aspecto es que se distinguen las similitudes y diferencias de cada criptoactivo, el papel de cada una se alberga detrás del valor de las mismas.

La cotización del Bitcoin con una mirada a largo plazo

El mercado de las criptomonedas al no encontrarse regulado, adquiere un nivel de vistosidad elevado, pero está en contacto directo con una importante cantidad de fluctuaciones, por ello en el caso de querer seguir de cerca el crecimiento de Bitcoin, o cualquier otra, es común lidiar con un margen de riesgo.

Existe muy poca regulación sobre las criptomonedas, esto para muchos puede resultar un enorme atractivo, mientras que para otros puede representar total inseguridad, pero al menos es un medio de pago que adquiere más poder, además de ser clasificado como un medio bidireccional porque se puede cambiar por una moneda tradicional como dólar o euro.

La variabilidad del mercado a corto plazo, es influencia por cualquier tipo de factor mediático, pero cuando las aspiraciones persisten por seguir una inversión a largo plazo, puedes seguir esta comparativa que ilustra cualquier miedo que poseas:

- **La influencia de la regulación sobre la cotización de Bitcoin**

Algunas caídas que ha sufrido el Bitcoin están relacionadas o han coincidido con algunas medidas de regulación, lo que ha hecho que surjan algunos rumores de que cuando se presenten medidas de control, va a presentarse una caída sobre su precio, debido a que las transacciones serán mucho más medidas.

A esto se suma la prohibición de operar con criptomonedas que se ha implementado en algunos países, lo cual también provocó una menor cotización sobre el Bitcoin, por el temor de perder el dinero invertido a causa de la medida dictada, pero algunas otras noticias como la posición más positiva de intercambio de la Unión Europea han causado un alza.

Hasta el momento este es el punto o factor más determinante sobre el precio o cotización del Bitcoin, lo demás son noticias de grandes empresas o servicios que se estén vinculando o desvinculando a este medio de pago, pero en líneas generales ha sido una de las criptomonedas más confiables.

Cómo puedes construir el portafolio de criptomonedas a largo plazo

Una estrategia de inversión en criptomonedas es una excelente planificación, en este medio resalta la opción a largo plazo la cual se puede hacer realidad tras más de 7.000 criptoactivos en el mercado, puedes elegir con libertad e ir experimentando poco a poco con los fundamentos necesarios que este mercado demanda.

La elección de una criptomoneda te puede volver realmente millonario, pero los pasos a seguir están relacionados con la ampliación del portafolio, además de saber utilizar algunos instrumentos a largo plazo, todo esto se responde por medio de la investigación del mercado, este paso es constante y un novato puede convertirse en un experto.

Un portafolio de criptomonedas a largo plazo se puede formar, tras algunos conceptos básicos que te van a permitir quedar en todo lo alto, además de formar y estudiar una lista de criptomonedas que facilitan la inversión, el primer concepto a descubrir es el de las ventajas y luego el de las contras.

1. Conceptos a seguir a largo plazo

Las inversiones que se llevan a cabo a largo plazo, aguardan la intención de vender este activo en el futuro, puede ser alrededor de un año o cualquier otra medida que desees, esto se conoce bajo el término de hodling, de hecho, se llega a usar como sinónimo a una inversión a largo plazo.

Pero este término, posee la creencia de que la apuesta de un activo que sea capaz de llegar a la luna, se convierte en una estrategia viable, sobre todo porque algunas medidas confiables o datos, se encargan de refirmar este hecho, es lo mismo que ocurre con inversiones convencionales.

La industria de la criptografía sostiene una naturaleza volátil, porque los cambios surgen de manera constate esto al mismo tiempo implica un riesgo elevado, debido a que los activos están sometidos a una movilidad drástica, lo cual al mismo tiempo proporciona ganancias por tantos cambios.

Una compra que se realice el día de hoy, puede perder su validez en el transcurso del año, esto es gracias al factor de volatilidad, por ello se requiere un estudio profundo de los eventos criptográficos, ese tipo de dinámica es lo que proporciona ganancias, pero a largo plazo es un camino de inversión con un menor margen de riesgo.

Cuando deseas dar un primer paso en las criptomonedas, a largo plazo es una metodología positiva para los novatos, pero debes contar con una participación constante para que exista una mayor compatibilidad con el portafolio de criptomonedas, ya que el requisito es dominar estos entornos.

2. **Beneficios de inversiones a largo plazo sobre criptomonedas**

El nivel de volatilidad criptográfica permite elevar el valor de las inversiones criptográficas de forma consecutiva, esto al mismo tiempo significa que puedes construir un proyecto mismo a futuro, siguiendo la causa que hay sobre el activo o lo que representa para el mundo, de ese modo serás un participante más activo en el mercado.

Por otro lado, cuando se trata de invertir a largo plazo lo recomendable es dedicar atención sobre las que estén surgiendo, porque ese tipo de tenencia es una señal de ganancias considerables a futuro, tal como sucedió con el Bitcoin y los inversores que creyeron desde el principio.

Una ventaja de sus cualidades como activo, es que no posee imposición de autoridad central, esto significa que el control central se ubica sobre los usuarios para que sean capaces de aprovechar su composición descentralizada, para que ningún gobierno sea capaz de desinflar el valor o de inflarlo.

3. Las contras de invertir en criptomonedas a largo plazo

El aspecto negativo de las inversiones en criptomonedas a largo plazo es que alguna inflación o volatilidad puede devaluar al futuro, en el caso de las cualidades de las criptomonedas se basan en activos digitales, los cuales están expuestos a alguna clase de pirateo sobre las billeteras, además de rastrear el portafolio.

El ingreso hacia una billetera que posee los fondos se puede perder o ser vulnerable, debido al olvido de alguna contraseña, o algún tipo de hackeo, por ello debes elegir un entorno que sea totalmente confiable.

4. Conforma un portafolio de criptomonedas

La decisión de invertir en criptomonedas debe tener clara la visión que vas a conservar, es decir si deseas mantenerla por mucho tiempo necesitas investigar algunos puntos básicos, es un paso a paso que facilita un mejor desenlace, en primer lugar, se debe elegir una criptomoneda sobre la cual vas a invertir.

La elección de la criptomoneda demanda una investigación a fondo sobre dicho activo, esto sirve para que puedas establecer tus propios criterios personales, para que se estudie la evolución del activo a largo plazo, se requiere dedicar atención plena a la reputación que está detrás de dicha moneda.

La mejor consulta que puedes hacer es por medio de redes sociales, pero sobre todo para tomar en cuenta la opinión de algunos usuarios que posean trayectoria dentro del mundo de las criptomonedas, esto te permite llegar al segundo paso como lo es la investigación de la idea principal sobre la cual se sostiene el activo.

Mientras una criptomoneda pueda estar concentrada en la resolución de problemas de la tecnología Blockchain, significa que existe un futuro respaldado por medio de una visión que permite el crecimiento de dicho activo, esto significa que el activo cuenta con una base sólida para llegar a ser el punto más alto de una industria.

Debes preguntarte a ti mismo, si dicha criptomoneda se lleva toda tu atención, esto es sencillo de determinar por medio de la capitalización de mercado de la criptomoneda, esto quiere decir que se comprueba la participación de mercado de un activo digital, a medida que sea mayor la capitalización, menor riesgo implica para un inversor.

La experiencia de invertir en este tipo de mercado, se adquiere por medio de la diversificación del portafolio, siguiendo con la regla general de no colocar todo tu capital sobre un solo activo, sobre todo cuando se trata de inversiones a largo plazo, por ello al comprar al menos dos criptoactivos a largo plazo te puede mantener con más confianza.

Los datos que existen se entienden como las posibilidades de que un activo aumente de valor, ya que esos son los beneficios que se desean perseguir, una vez superado ese paso lo siguiente es determinar el rastreador de portafolio de criptomonedas, para ello se pueden implementar algunas herramientas que proporcionan información detallada.

Ese tipo de servicio que funciona como un explorador, se puede encontrar por medio de Cryptocompare o también es útil Cointracker, ya que son utilidades integrales que permiten rastrear tus inversiones, a largo plazo también te permiten disponer de una billetera digital que sea de carácter multidivisa, debe ser segura y con protección.

5. **El tipo de criptomoneda que puedes elegir**

Al construir una cartera de criptomoneda, un paso mencionado anteriormente es el análisis del merado, ya que eso facilita medir el tipo de opciones que existen para invertir, buscando alguna alternativa que sea prometedora, de ese modo el potencial se puede medir hasta en un tipo de categorías que ayudan a medir las preferencias.

Crear el portafolio parte desde esas criptomonedas principales, las cuales funcionan como pilares esenciales por el nivel de capitalización que representan y la influencia que son capaces de ejercer, en el caso de Bitcoin se trata de una alternativa que mueve el mundo entero con cada movimiento, y es una elección razonable de inversión.

Por otro lado, un tipo de criptomoneda potente como Ethereum (ETH), el cual impulsa los intercambios descentralizados, como una evolución de gran valor dentro del mercado porque es una variable sobre la cadena de bloques, lo cual a su vez sostiene el valor de ETH y se vuelve un instrumento de gran valor para poner en marcha el portafolio.

Pero en este mercado puedes toparte con algunas criptomonedas anónimas, ya que es un tipo de activo donde se cuida la identidad lo cual al mismo tiempo proporciona privacidad para toda clase de usuarios sobre las transacciones, esta modalidad posee demanda sobre este mercado, porque el mundo se apega a cadenas de bloques más tecnológicas.

La adopción y apuestas por esta clase de criptomonedas alcanza cada vez un número mayor, por este motivo el estudio de este aspecto causa que los activos digitales anónimos sean más apreciados y se invierta como parte de la rutina diaria, una de las criptomonedas más populares que garantizan privacidad es Zcash, que permite todo tipo de operaciones.

Un punto a estudiar en profundidad es el protocolo de las criptomonedas, ya que en medio de los activos se desarrollan proyectos prometedores a escala global, esto inició por medio de las Ofertas Iniciales de Monedas (ICO), esto se encuentra desactivado en la actualidad, ya que se anuncia como una estafa, pero hay proyectos que poseen soluciones tecnológicas.

Una de las tendencias actuales descentralizadas se instaura sobre una industria demandada, posee la motivación principal de unir las aplicaciones del mundo real junto con los contratos inteligentes, en este sentido Chainlink ha ido creciendo de forma llamativa sobre las listas de las criptomonedas.

En el caso de Polkadot se desarrolla bajo un mercado que dispone de un alto nivel de credibilidad, gracias a que se compone por ser una plataforma que posee soluciones de toda clase al momento de realizar transferencias entre cadenas, hasta atacar problemas de escalabilidad, por la moneda DOT también es una buena opción a largo plazo.

En este mismo sentido resalta Cardano (ADA), ya que constituye el resultado de un proyecto amplio por reforzar algunos problemas centrales que estén detrás de la tecnología blockchain tal como sobresale la carencia de escalabilidad, aumentando el nivel de velocidad de transacciones, como una muestra de seguridad y transparencia.

La reputación que posee esta clase de criptomoneda es impecable, por ello al disponer de una alta capitalización de mercado posee un alto potencial de emitir soluciones ante cualquier evento, esta moneda ADA encaja por completo con las estrategias del portafolio de criptomonedas.

Un activo a seguir de cerca es MIOTA, ya que se conoce como un activo de gran relevancia, aunque hay un detalle detrás de la criptomoneda IOTA es su forma de operar, debido a que no posee comisión ni mineros, porque los desarrolladores del proyecto formaron una red autosuficiente que es escalable y permite confirmar transacciones.

Esta clase de proyecto no funciona por medio de la tecnología Blockchain, sino que utiliza una forma de consenso como lo es Tangle, pero conserva las demás cualidades de las monedas digitales, tal como lo es la descentralización, métodos de cifrados y sin un control externo.

Una opción interesante a medir es NEO, la cual posee amplias ventajas que han generado confianza, hasta el punto de ubicarse como una de las monedas principales en cuanto al número de capitalización del mercado total, otras alternativas que puedes indagar es la de Tron y EOS, ya que su creación posee una cadena de bloques nativa.

Pero de igual manera la situación y mercado sigue siendo un factor de peso, así que disponer de un portafolio con medidas prometedoras, puede reducir algún tipo de pérdida, es un trabajo que ayuda a que puedas aumentar los pagos hasta disminuir las tarifas que existen sobre las transacciones internacionales.

El uso de XLM deja una puerta abierta sobre las empresas, ya que se usa por parte de empresas que poseen capitalizaciones millonarias, al mismo tiempo no deja de ser una criptomoneda económica, sus movimientos señalan una tendencia alcista de forma frecuente como su desarrollo típico.

Una versión veloz de todo lo que representa el Bitcoin es el Litecoin, donde forma parte de las primeras o principales criptomonedas del momento, y sus movimientos sugieren que es un comportamiento sostenible, por ello puede ser una compra ideal a largo plazo, sobre todo para implementar alguna señal de predicción lo cual es útil.

Una criptomoneda de gran recorrido es Bitcoin Cash, ya que es una de las bifurcaciones que permiten que sea una criptomoneda con mayor capitalización en el mercado, pero es una industria que proporciona una gran cantidad de activos para que elijas el que te resulte más confiable para tus planes.

Cada criptomoneda cuenta con un ofrecimiento diferente y especial, además su compra es más sencilla con el tipo de tecnología que se involucra en la actualidad sobre cada paso financiero, se puede invertir siempre y cuando se tenga presente el grado de volatilidad al cual te vas a exponer.

¿Las criptomonedas pueden ser inversiones a largo plazo?

Ingresar al ámbito de las criptomonedas puede provocar una gran cantidad de preguntas, la principal es si resultado un buen instrumento financiero por el cual apostar a largo plazo, lo cual ha sido explicado por parte de expertos quienes confían netamente en el crecimiento potencial que cada criptomoneda ha demostrado.

La consideración sobre estas monedas virtuales se debe a su opción amplia de inversión, pero a largo plazo puede resultar una interrogante importante a dejar a un lado, dentro de este tema ha participado instituciones de gran renombre como Bank of America ya que expuso un informe sobre las virtudes de este tipo de inversión a largo plazo.

Los máximos históricos que han sido alcanzado por parte de estos activos, funcionan como una prueba misma de apostar por este camino, se trata de mercados financieros más interesantes que los tradicionales, por ello se pueden explotar como parte de una oportunidad digital que puede cambiar vidas.

El análisis presentado sobre las criptomonedas, funciona para asentar este concepto, pero al mismo tiempo se requiere tener la fortaleza de esperar las caídas que se presentan, donde una regla de oro a seguir es esperar que el precio disminuya para poder ser parte de la compra de criptomonedas, de ese modo no te dejas nublar por esta opción.

Las reseñas y estudios de negocios señalan que todavía ronda un enorme temor sobre la inversión en criptomonedas, sobre todo por llegar a perder tu inversión por completo, ya que también es mercado con constantes recesiones profundas por ese motivo se denomina como un entorno volátil.

Pero las caídas sobre el mundo de las criptomonedas pueden convertirse en un salto de calidad, es una vía para obtener ganancias y se describe como una compra oportuna, es aprovechable siempre y cuando puedas eludir las ventas desesperadas, al dejar eso a un lado puedes toparte con los mejores días sobre este medio.

La inversión en tiempos complicados es una ayuda para sucumbir sobre las pérdidas, los mercados bajistas es un inicio oportuno para llevar a cabo una inversión a largo plazo, ese es un modo de conformar una estrategia completa sobre este medio, pero se ha comprobado que se necesitan al menos 1.100 días para recuperarse de pérdidas.

Todo esto depende del comportamiento de las criptomonedas, lo cual es lo que demuestra el ritmo en el que se mueve el activo, donde la volatilidad es una cualidad con la cual se convive, sobre todo por ese temido balance bajista, esto empuja hacia la materialización de rápidas recuperaciones también, más allá de lo que se piense.

La formación de una estrategia para invertir en criptomonedas a largo plazo

El mercado que hay detrás de las criptomonedas posee una movilidad altísima, esto se debe a su crecimiento, pero sin tendencias fijas, por ello realizar hodl es una de las tareas a dominar, aunque puede ser complicado para los novatos, es una situación donde lo primero es asumir el tipo de pérdidas a las cuales te enfrentas.

Pero no hay ningún tipo de seguridad en el mercado, es una sensación con la cual se debe lidiar, porque es imposible conocer a ciencia cierta el tipo de dirección que va a generar una inversión o el mercado mismo, más allá de que algunos gurús ofrezcan señales o predicciones, puede que al final esas estimaciones no funcionen.

Por ello la mejor respuesta es analizar y formar una estrategia propia que te permita ganar dinero a largo plazo, esto es lo que abre las oportunidades para que las ganancias se materialicen por un camino más seguro o al menos de la mano de tus propias decisiones, para ello debes estimar algunos aspectos.

A medida que conozcas y estudies ciertos puntos, puedes generar ganancias hasta conformar un portafolio sano y bien nutrido, donde lo que debes eliminar ciertos aspectos negativos tal como resultan los problemas de la psicología humana, ninguna idea es infalible, pero puede ser una estrategia formada por reglas de oro al invertir.

Delimitar algunas buenas prácticas pueden ayudarte a que evites alguna pérdida total, hasta hallar oportunidades de rentabilidad que sean llamativas, pero no hay necesidad de enfocarse por completo en todo lo que puede salir mal, pero tampoco con la ilusión de comprar y mantener tu dinero de manera intacta.

Lo más recomendable o la postura más asumida es la de hacer hodling, donde se siguen las recomendaciones expuestas en Coinmarketcap como una vía para formar el portafolio de criptomonedas, siguiendo con el top expuesto en plataformas reconocidas, pero partiendo desde la cualidad de que existen muchos activos jóvenes y puede resultar de todo.

Pensar en un plan de estrategia es esencial y te arroja una gran cantidad de beneficios, puedes seguir estas líneas de comparación o conceptos para tener un paso firme a seguir:

- **La construcción de una estrategia de inversión a largo plazo**

Lo principal a considerar es que el capital que vayas a invertir, no debe ser indispensable para tus gastos de vida, es decir se trata de dinero que estés dispuesto a perder, porque son fondos a los que no podrás recurrir hasta que transcurra el lapso estimado o una ganancia anhelada en temas de porcentaje.

La intención es que no pienses en el fondo que no esté disponible, del mismo modo es vital conocer a fondo el proyecto sobre el cual vas a invertir, porque de esto depende el crecimiento o avance de dicho activo, para llegar a ese punto de convicción debes preguntarte el tipo de problemas que resuelve y a la industria a la que se dedica.

El conocimiento también es importante al explorar quién está detrás del proyecto, de ese modo cuando se presenten estas respuestas puedes evitar que pierdas dinero, sobre todo a causa de la falta de conocimiento, esta parte de tu estrategia debe incorporar los grandes movimientos que se presentan en el mercado.

El futuro amplio de las criptomonedas depende del basamento que existe sobre un proyecto, este punto de salida es fundamental para que a largo plazo se puedan visualizar el lado prometedor, de igual forma funciona para inversiones a mediano plazo, ya que la tecnología blockchain depende de estos factores de evolución.

La influencia de estos temas se instaura para quedarse lo largo del tiempo, es decir las criptomonedas son propias del día a día, por ello apostar por esta vía es una mejoría para cualquiera que obtenga la inversión adecuada, tener esto en mente te abre camino a invertir de forma sistemática para comprar cuando el precio esté en el punto más bajo.

Luego la venta se concentra sobre los momentos sobrevalorados, pero acertar de manera precisa es lo que lleva mucho trabajo o visión, lo cual para algunos puede resultar como imposible pero la inversión conlleva metodología para obtener resultados, lo esencial es que no te preocupes por algunos movimientos realizados en el mercado.

Siempre el entorno de las criptomonedas se va a clasificar como un medio volátil, por ello siempre vas a exponerte a situaciones de estrés constante, pero cuando las aceptas y descubres cómo evitarlo, puedes afrontar lo que suceda, hasta el punto de ignorar lo que ocurra, ese es el tipo de bienestar que un inversor puede considerar.

En las inversiones a largo plazo, debes convivir con un concepto denominado como "Market Timing", se trata de una capacidad ilusoria para hallar la dirección en la cual se va a mover el mercado, pero se describe como ilusorio ya que es una acción prácticamente imposible, sin importar los años que poseas sobre esta alternativa.

Cuando intentas ganar este tipo de dominio, puedes caer en una serie de pasos desastroso, el cual te puede conducir a perder dinero, por ello desde el inicio debes comprender que ese esfuerzo puede resultar en vano por ser complejo, al final se trata de una intuición misma.

• La herramienta del autoconocimiento

En el mercado de las criptomonedas se debe confrontar un hecho importante, no tiene que ver por completo con volatilidad, mucho menos con estafadores, sino directamente con tus propias emociones y las creencias que poseas sobre este medio, por este motivo las estrategias poseen o conservan la intención de controlar los sentimientos.

Durante la toma de decisiones lo más correcto es mantenerte en un estado neutro, ya que vas a ser parte de un mercado que no posee un comportamiento racional, sino que en un breve lapso de tiempo alguna noticia sale, y no por eso debes salir corriendo a vender, mucho menos sin pensar en lo que significa para ti.

A largo plazo debes operar con un mayor nivel racional, ya que esta cualidad luego la puedes aprovechar para que no seas intimidado ante algún movimiento, porque con el miedo puedes cometer los siguientes errores comunes:

1. Inviertes en un activo que no conoces, o que no entiendes.

2. No piensas en diversificar tu inversión.
3. Compras y vendes de forma continua.
4. Empleas apalancamiento y realizas compras en corto.

También es cierto que el lado humano, en algunas ocasiones puede ser incontrolable, ya que normalmente se emplea mayor valor al lado emocional de cada paso o decisión, en este caso sería en engancharse demasiado a alguna moneda, o en un tipo de movimiento en el mercado.

Ese tipo de visión debe aplicarse cuando una persona declara que una moneda debe subir, sólo porque le gusta el concepto o algo similar, porque cuando ocurre lo contrario, solo vas a querer extender alguna excusa para decir que fue un movimiento inusual, pero nunca asumes que te equivocaste por mantener esa postura.

El mercado posee un comportamiento como cualquier otro, más allá del tipo de sentimientos que puedas desarrollar por ello, por este motivo el lado racional no puede desaparecer por ningún motivo.

- **Investigación sobre los proyectos a invertir**

Una vez que inviertes a largo plazo, no hay necesidad de apegarse a las velas, mucho menos a las tendencias que estén marcadas en un gráfico, sino en los puntos clave que existen sobre el proyecto de la criptomoneda, por ello una investigación personal te ayuda a obtener respuestas, no es un paso complicado y es de gran utilidad.

Dentro de la investigación que realizas debes cumplir con algunas características, estas se deben estudiar a fondo y analizar para tomar una posición sobre alguna criptomoneda, dentro de las cuales resaltan los siguientes puntos:

1. Qué y quién está detrás del proyecto.
2. El activo y su valor está lo suficientemente claro.
3. De qué forma funciona el proyecto, descubre todos los aspectos técnicos.
4. El tipo de problema que resuelve y su asociación con problemas reales.
5. Determinar si se trata de un problema verdadero.
6. La industria a la cual se dedica el activo.
7. Las asociaciones detrás de una criptomoneda.

Este camino te facilita reconocer la tecnología que existe sobre los criptoactivos, ya que la industria que apoya estos valores o impone un propósito sobre las monedas posee un peso determinante, pero al momento de esperar las ganancias debes alejarte de estos puntos, de igual forma de los artículos que sugieren alguna inversión.

Leer alguna red social no es suficiente, son netamente opiniones, por ello una averiguación por tu cuenta puede abrirte los caminos, ya que la responsabilidad de invertir está de tu lado, sin importar de lo que te puedan recomendar.

- **La cartera de inversión diversificada**

Un arma poderosa en el medio de las criptomonedas es la diversificación, ya que es el mejor camino para que los riesgos desciendan, porque sin importar la cantidad de tiempo que hayas leído sobre algún proyecto de igual manera queda mucho por aprender, sobre todo porque superar la fase de incertidumbre depende de enfrentar riesgos que no conoces.

Al comprar diferentes activos existe una posibilidad de disminuir el margen de error, pero el futuro no se puede asegurar sin importar lo prometedor que resulte una criptomoneda, ya que puede valer unos centavos al inicio y luego aumenta en gran medida o ser un fracaso, todo puede ocurrir.

En la actualidad como se encuentran distintas monedas, puedes pensar en apostar por las mejores, pero existen amenazas a tener presente que son capaces de derrumbar cualquier pronóstico, ya que ningún tipo de industria es mejorada por completo y garantizada por una criptomoneda, debido a que las demás industrias son una competencia misma.

En el caso de IOTA al principio no usaba la tecnología blockchain, pero en la actualidad se encuentran Circle y Hashgraph, lo mismo ocurre con Ripple que se dedicaba a apoyar el sistema bancario, pero por medio de Stellar se busca obtener una cuota del mercado de la primera.

La búsqueda de un portafolio balanceado, es a través de dos alternativas, en primer lugar, por la conservación de una cantidad de dinero semejante sobre cada una de las criptomonedas que forman parte de tu portafolio, o en segundo lugar puedes disponer de varias clases de criptomonedas, estos dos enfoques son recomendados.

Un paso básico es crear la cartera de inversión por medio de distintos tipos de criptomonedas, luego puedes enfocarte en sostener una inversión distribuida en partes equitativas o equilibradas, para ello puedes tomar como referencia un fondo de $10,000 USD y destinarlo a 10 criptomonedas con un valor que ronda los $1,000 USD sobre cada una.

Los tipos de criptomonedas son los siguientes:

1. Tokens que estén basados en activos.

El token basado en activos está en pleno auge y emite una representación sobre el valor de otra clase de activos, esto se aplica sobre el oro, piezas de arte, moneda fiat, entre otros, esta modalidad permite invertir en activos que no son criptomonedas mismas, pero que a través de las mismas puedes apostar por ellos.

Se conocen como Stable Coins o monedas estables, se trata de una forma para adquirir estos bienes de forma sencilla, para que en lugar de comprar una obra de arte que vale millones, puedes contar con una parte de la misma por medio de los tokens, es una fracción de precios que lo vuelve todo más interesante y a tu alcance.

Lo mismo ocurre cuando deseas invertir en oro, porque no obtienes un activo físico ni te preocupas por almacenamiento, es una vía mucho más simple para que seas parte de los activos más atractivos en el mundo.

2. Tokens referentes a valores.

Los tokens de valor están desarrollados con la función de obtener fondos, eso quiere decir que no proporcionan ningún acceso hacia un servicio, pero permite la participación sobre el crecimiento del proyecto, además es un beneficio ya que si se elimina el token l paso del tiempo vas a obtener compensación.

Esta modalidad de criptomonedas no posee demasiada popularidad como las demás, pero la atención debe estar dirigida sobre las regulaciones que poseen estos activos, por ello puede ser un riesgo mayor que otras opciones, porque el nivel de incertidumbre es complejo de disminuir.

El tema de seguridad no limita que se trate de un tipo de inversión interesante, porque en medio de la recaudación de fondos es una solución con gran potencial, ayudando a conformar una mejor estructura de accionistas dentro de la empresa, puedes revisar el tema del marco legal para dar estos pasos con confianza.

3. Tokens de utilidades.

Los tokens correspondientes a utilidades son construidos o dedicados para las dapps, es decir para tener acceso completo a los servicios que proporcionan las plataformas, su diseño está centrado netamente en una aplicación Blockchain, se considera un tipo de tokens que son riesgosos, por la etapa en la que se encuentran.

En el caso del uso sobre Ethereum todavía presenta problemas de escalabilidad, y otro aspecto negativo es desconocer la plataforma elegida a largo plazo como la favorita, ya que puede ser una preferencia acentuada sobre NEO y luego en Ethereum, no hay garantía de ello, por ello el desarrollo de cada aplicación está condenado a esas dudas.

Todo depende del trabajo detrás de una plataforma, ya que, si en el caso de Ethereum se soluciona el detalle de la escalabilidad, significa que el servicio prestado sobre las apps no será el más apropiado o buscado, por ello cuando se entregue un servicio eficiente lo que va a suceder es que el token va a crecer y proporcionará recompensas.

4. Monedas de determinadas plataformas.

Son monedas asociadas por completo a la tecnología Blockchain y posee dentro de sus funciones la creación de aplicaciones sobre la misma, estas se conocen como Ethereum, Cardano, Lisk, NEO, y otras, a medida que se utilice mucho más la plataforma, mayor demanda va a existir sobre las criptomonedas.

Debido a que las criptomonedas son empleadas sobre las aplicaciones, esto significa que gracias a las mismas se pueda comprar en una ICO, este tipo de monedas ha sido considera como una de las que mayor seguridad proporciona, además albergan un amplio potencial de seguir creciendo, porque sus blockchain promueven soluciones a nivel descentralizado.

Es complicado determinar cuál es la criptomoneda que cuenta con mejor desarrollo, pero con una investigación a fondo puedes diversificar tus opciones, es una categoría a descubrir a fondo, sobre todo para usar a tu favor la ventaja de que no poseen regulaciones y mantienen su forma completa porque están creadas para adquirir servicios.

5. Monedas transaccionales.

Son una especie de criptomonedas que cumplen la función de proporcionar valor, un ejemplo claro de este concepto es Bitcoin ya que es un activo que cumple con esas condiciones, lo mismo ocurre en el caso de Litecoin, Zcash, Dash y otras, muchas de estas poseen un alto nivel de popularidad, donde muchos valoran el tipo de privacidad.

Por encima de estas opciones mencionadas se pueden encontrar otras categorías, pero solo se tratan de clasificaciones formales y cuando se trata de invertir se puede tomar en cuenta los anteriores tipos de criptomonedas, en el caso de las ICO encajan con cualquiera de las clasificaciones mencionada, es un ofrecimiento que varía.

Conociendo el concepto de cada tipo de criptomoneda, puedes diversificar al apostar por cada tipo de activo en porcentajes según tu nivel de confianza o lo prometedor que resulte dicho concepto para ti, puede ser un 30% para monedas transaccionales, un 25% para las monedas de plataforma, 10% a tokens de valor y de utilidad y el 25% a las de activos respaldados.

Las opciones favoritas para completar con ese porcentaje, se estiman en Stellar, Ethereum, Bitcoin, Cardano, Monero, NEO, IOTA, y EOS, esto es un ejemplo que puedes ajustar a tu preferencia, debes pensar en un balance que pueda ajustarse a ti, además de asumir el riesgo de cada criptomoneda según su concepto o proyecto.

La alternativa más seguida es tener una proporción balanceada de fondos, pero por ningún motivo lo puedes realizar de manera desmedida, y optar por vender las que hayan subido demasiado, para empezar a comprar otros que estén bajas sobre el mercado, de ese modo el portafolio sigue con vida adquiriendo porcentaje de ganancia.

- **Otros componentes de la estrategia**

Al concluir una investigación sobre el mundo de los activos se puede elegir con confianza la criptomoneda, para proceder hasta otros elementos de la estrategia para invertir a largo plazo, esto permite cumplir con la finalidad de conservar la disciplina en cada paso o decisión ya que es el aspecto importante para que no se generen pérdidas.

Cuando no se dedica atención al tema de la disciplina, no vas a tener la capacidad de suprimir las emociones sobre la inversión o las decisiones financieras, esto es lo que permite que obtengas una oportunidad de cosechar ganancias cuando se presente un mercado alcista, pero si vendes antes o de forma inapropiada te vas a arrepentir.

Los mejores consejos o acciones para complementar una inversión en criptomonedas a largo plazo, son las siguientes:

1. Elige un periodo para estudiar a fondo el portafolio hasta que te genere suficiente seguridad, lo mismo ocurre con medir avances y tomar decisiones al respecto esto se

puede hacer una vez por semana o una vez al mes, lo importante es que se trata de un día cómodo para que no haya apuro y realices un buen análisis.

2. Utiliza alguna aplicación para llevar a cabo un análisis profundo de precios, una buena alternativa es Altpocket, ya que te permite visualizar el rendimiento que existe sobre las opciones del portafolio por completo, es una visión amplia que incluye la variedad de criptomonedas.
3. Crea un rango de precio promedio, esto funciona para medir la cantidad tope de inversión que dispones para esta finalidad, además del tiempo sobre el cual vas a conservar dicha inversión.
4. Decide sobre la estrategia para obtener las ganancias, es decir determinar el momento sobre el cual se va a vender la criptomoneda para cosechar ganancias, y cuánto vas a vender, lo más recomendable es que se conforme la cartera por porcentaje sobre los cuales debes tener perseverancia para vender de manera equilibrada.

Este tipo de datos son estimados para tener la claridad sobre los pasos a seguir, de ese modo ningún escenario te toma por sorpresa, por medio de un sustento vas a actuar en el momento justo.

- **Las estimaciones para comprar**

Disponer de estas reglas básicas te facilita tener todo claro al comprar las criptomonedas para armar tu cartera o portafolio, lo mejor es que las compras sean realizadas de manera paulatina, de ese modo se puede disminuir la volatilidad, porque identificar el mejor momento es una tarea imposible.

Pero lo más recomendable es comprar de a poco, ya que esto no afecta de forma negativa a tus fondos o a la inversión, puedes disminuir los riesgos por esta vía, además el precio promedio facilita que puedas comprar distintas opciones de criptomonedas, en lugar de colocar toda tu inversión de una sola vez.

Seguir esta clase de pasos permite que alcances un buen precio, y al mismo tiempo puedes disminuir las emociones sobre estas operaciones, sin pensar en la situación futura del mercado, sólo necesitas fijar distintos periodos para comprar sin prestar atención al tipo de situación actual que esté sobre el mercado.

El programa o precio promedio, se puede medir por la frecuencia sobre la cual se piensa invertir, puede ser semanal, mensual y anual, esto va en combinación de la cantidad a invertir sobre cada una de las rondas de compras, apostar por un costo promedio es un camino importante para disminuir el riesgo sobre cualquier situación.

Cuando estás invirtiendo a largo plazo, lo que se aspira es que el valor de la criptomoneda pueda aumentar, ese tipo de visión disminuye sobre tu mete cualquier presión, otra opción es comprar todo de una vez cuando ves un precio notablemente bajo, pero este paso conlleva muchos riesgos.

Pero cuando compras todo de una vez y el precio decae, puedes pensar en vender de una vez, ya que ello es una postura psicológica mucho más compleja para ti, en cambio al comprar por medio de diferentes precios no afecta o genera esa lucha interna de detectar el momento apropiado.

Al momento de fijar las órdenes no se debe llevar a cabo bajo el precio del mercado, ya que al inicio puede resultar como una acción conveniente, pero esto disminuye la ganancia por el tema del porcentaje, además cuando optas por algunos exchange como Kucoin, Binance, Bittrex y Poloniex, puedes hallar precios que no son los mejores del mercado.

- **Reequilibrar el portafolio**

Reequilibrar el portafolio es una actividad que se concibe como un proceso de gestión de activos, esto conlleva a que se vendan ciertas criptomonedas que han aumentado mucho el valor, de ese modo se compran otros para equilibrar, de ese modo los activos que se encuentran dentro de la cartera de inversión no pierden importancia.

Cuando una criptomoneda es reducida al 400%, y otras poseen una estabilidad, significa que el activo puede pasar a ser el 40% de tu portafolio, más allá de que al inicio solo dispusieras de un 10% para este tipo de activo, una forma de ver estos cambios es por medio de un gráfico de tortas.

Este método es una muestra de seguimiento para que obtengas toda la información de los activos con los que cuentas, una primera acción es vender la porción de las criptomonedas que han crecido en grandes niveles en los últimos tiempos, esta clase de paso se debe llevar a cabo de manera semanal, mensual o semestral.

Pero lo más recomendable es que no elijas períodos cortos, ya que por el tema de las comisiones no es rentable, una vez por lo mínimo cada tres meses, es lo más óptimo, sin caer en alguna situación volátil para tomar alguna decisión, porque eso solo deja malos resultados durante la compra y la venta.

- **Adquiriendo las ganancias**

Tomar las ganancias puede parecer simple a primera vista, sobre todo cuando te das cuenta que tu inversión ha crecido, ya que el objetivo es obtener un punto de rentabilidad, pero este es un camino complicado y a largo plazo debe sostenerlo, al menos que algunas condiciones hayan cambiado drásticamente.

Si no requieres de ese fondo que está invertido, es mejor observar un desarrollo con normalidad para esperar el crecimiento de cada criptomoneda, porque de nada vale retirar el dinero apenas haya una sola subida, y perderte de los máximos que surjan, es complicado controlar las ganas de vender cuando notas que está empezando a aumentar.

Puede resultar codicioso apuntar a un porcentaje de ganancia, pero si lo crees de verdad en base a un proyecto puedes dar este paso, aunque debes tomar en cuenta que no es un punto fácil de determinar, y vender con prisa no tiene mucho sentido, aunque puedes necesitar el fondo, lo mejor es aguardar y recibir la recompensa de los resultados.

Este tipo de estrategia planteada es lo que te permite dejar a un lado los momentos de temor, ya que son situaciones que te pueden limitar el avance de ganancias, por ello no debes dejarte llevar por noticias o por la evolución del precio, porque esas ideas solo te llevan a cometer un error.

Es esencial reiterar que una buena investigación pueda funcionar como punto clave para invertir a largo plazo, pero aceptando que no todo el tiempo vas a obtener la razón, pero un estudio profundo sobre los proyectos te ayuda a alcanzar ganancias, en vez de obsesionarte con revisar los gráficos porque eso depende de la modalidad de inversión.

Ejemplos y visiones para invertir a largo plazo en criptomonedas

Una inversión a largo plazo en criptomonedas se estima como un lapso de tiempo prolongado, puede estar compuesto entre 12 meses y por encima de 18 meses, pero lo más recomendable en el mundo de las criptomonedas es soportar un lapso aún mayor, lo habitual es establecer una estrategia que te permita cosechar ganancias que generen tranquilidad.

A medida que se puede aprovechar el tiempo, puedes dejar que sea un elemento que funcione como un aliado para ti, de ese modo se puede materializar la rentabilidad de tus acciones, pero esto se construye por medio de una inversión contundente, ese nivel de constancia no debe recibir o contar con grandes oscilaciones.

La búsqueda de beneficios se basa en el aprovechamiento de flujos efectivos, estos son ofrecidos o dispuestos por los activos que ubiques en tu cartera, de ese modo se obtiene una revalorización sobre los activos del mercado, la gran diferencia con las inversiones a corto plazo es que estas son mucho más volátiles.

En cambio, a largo plazo se conforma un enfoque de uso de los flujos de tiempo, el primer paso es reconocer el valor de llevar a cabo una diversificación, pero esto requiere estudiar bajo un enfoque detallista el riesgo como también la rentabilidad, para asociar a lo que se enfrenta de ese modo el dinero se destina con mayor confianza.

El planteamiento de una inversión a largo plazo debe seguir un perfil mucho más medido, porque esta es la mejor manera de que puedas realizar pasos más estables, hasta el punto de ser una inversión que sostenga muchos años sin que existan graves pérdidas, los activos necesitan ser solventes para que emitan rendimiento.

- **Inversiones a largo plazo que sean rentables**

Un aspecto con el cual lidiar constantemente es con el riesgo, además de esa respuesta humana de minimizarlo para abrirte a la modalidad a largo plazo, pero también es importante ocuparse del cuidado de la rentabilidad porque va de la mano con el riesgo asumido, por ello la mayoría prefiere concentrarse en opciones poco riesgosas.

Pero el deber requiere ubicarse sobre un activo que sea reconocible como rentable, para ello puedes ajustar el riesgo junto con la cartera o los activos que tienes en la mira, además se encuentra la opción de combinarlo con activos que sean seguros para equilibrar el resultado final conservando el riesgo en un punto óptimo.

Por ello las carteras necesitan estar diversificadas, pero no en activos individuales sino buscar una renta variable, ya que este es un camino donde obtienes una rentabilidad mayor, y a largo plazo esta visión es ideal porque los activos se comportan de mejor manera en comparación de otra clase de instrumentos financieros.

La combinación de los activos te permite llegar a contar con estabilidad, y al mismo tiempo consistencia, esto se conoce como una fórmula financiera ganadora, esta vía es ideal para constituir una opción de inversión fuerte para completar una cartera competente, por medio de estas opciones:

1. **Inversión en dividendos**

Se expone como una estrategia dedicada para las inversiones a largo plazo, al mismo tiempo es una modalidad sencilla y efectiva a su vez, es una dinámica a través de la cual se persigue la hipótesis de apostar por beneficios de algunas empresas, sobre todo los que están dispuesto para la estructura de accionistas.

Se conoce como una estrategia basada en inversiones de acciones, por ello es especial para las criptomonedas que están ancladas a un proyecto similar, ya que el rendimiento de dichas acciones puede transformarse en rentas variables porque los dividendos que se pueden cobrar no están establecidos sobre algún contrato.

Todo depende del tipo de beneficios que haya obtener por algún negocio la compañía misma, por ello debe preferir una empresa que aumente el nivel de los beneficios, esto se nota directamente sobre los dividendos, funciona como una forma creciente de generar ingresos al cabo del tiempo.

Las oscilaciones del mercado en este caso no son tan importantes, sólo influyen cuando alguna acción pierde su valor, pero esto solo significa que se momento de comprar, ya que eso conduce a obtener un medio de inversión altamente rentable, todo inversor puede aprovechar las depreciaciones para disfrutar de mayor rentabilidad.

2. Replicar un índice

En el tema de la inversión es crucial investigar algunos fondos, porque se puede replicar el comportamiento de un índice de mercado, esto se puede desarrollar de forma fija o de renta variable, por ello al obtener o participar en ese fondo y crear una cartera de activos, se puede componer por medio de elementos denominados como fondos indexados.

Este camino financiero es de gran utilidad, porque se trata de replicar la economía sin necesidad de preocuparse tanto por la formación de la cartera, es una gestión conocida como una filosofía pasiva, el índice es una medida que se define como una ponderación o una media, por ello el grado de la volatilidad es menor.

Las oscilaciones que se generan sobre estos activos, con capaces de compensarse entre ellas mimas, para que el riesgo esté disminuido por completo es una fórmula para combatir el mercado, lo cual conlleva aceptar una gran cantidad de riesgos, pero al conocer los impulsos del mercado se puede enmarcar un horizonte.

3. Fondos de inversión alternativos

Cuando no se encuentra un fondo a replicar el comportamiento exacto, se puede pensar en una inversión por medio de fondos de rentas el cual es variable, es una manera de reinvertir en rendimientos sobre el propio fondo, usando lo que se ha producido, por ello se convierte en un instrumento financiero de gran utilidad por medio de la inversión a largo plazo.

4. Inversión Value

Es una estrategia con gran popularidad gracias al auspicio de Warren Buffett, el cual se ha encargado de crear una institución financiera en el mundo entero como una religión misma, se trata de una alternativa donde se establece la elección de un fondo de renta que sea variable, para ello se desarrolla una tasación del proyecto detrás del activo.

A medida que puedas practicar alguna tasación puedes reconocer el valor detrás del objetivo de una acción, de ese modo puedes comparar el resultado obtenido con el precio que pueda cotizar dicho activo, además puedes obtener algún tipo de descuento lo cual se conoce como un aspecto fundamental.

Las estrategias más efectivas al invertir en Cardano

Cardano es sumamente interesante, posee su nacimiento en este medio financiero desde el año 2017 y desde ese momento se ha mantenido escalando importantes posiciones, esto va de la mano con el concepto que poseen las criptomonedas ya que poseen una fluctuación de precios y pueden ser inalcanzables para algunos.

Pero más allá de algunas características que posee este mercado, existe un amplio atrevimiento por parte de los usuarios para apostar por los activos digitales, y esto ha producido una importante ganancia sobre opciones de peso como lo es Cardano, por medio de su criptomoneda ADA.

Sin importar que el mundo de las criptomonedas no posea regulaciones, lo importante es determinar las tendencias que aparecen sobre este medio, donde ADA se posiciona como una apuesta atractiva, todo inversor debe considerar este tipo de oportunidad la cual se representa como una cadena de bloques diseñada por Input Output Hong Kong (IOHK).

El interés de los inversores se hace realidad sobre este proyecto, la escala de Cardano en el mundo es de gran notoriedad, ya que ha llegado hasta posiciones llamativas en los rankings, muchos expresan que esto se debe gracias a que su llegada ha coincidido con otros lanzamientos sobre este medio, Ada como criptomoneda ha disparado su valor.

La clasificación de tokens, reafirma esta alternativa como una de las mejores 10 sobre la capitalización del mercado, por ello toda la concentración se dedica sobre la cadena de bloques de Cardano, la cual posee una estructura de dos capas, una se llamada Cardano Setlemet Layer, la que se encarga de llevar a cabo transacciones de criptoactivos.

La otra capa que forma parte del bloque se denomina como Cardano Computation Layer, esta parte está dedicada para poner en marcha las aplicaciones y la participación de los desarrolladores, por ello es una novedad que se aprecia por todos los inversores, debido que otras criptomonedas como Bitcoin, Ripple y otras son las que usan cadenas de bloques.

Cardano de manera progresiva se ha vuelto un activo muy apasionante, y grandes Exchange lo han facilitado para que sea una compra al alcance de cada usuario, esta es una brecha importante para invertir a largo plazo, sin importar que no posee un historial prolongado, ya que no tiene más de 5 años de creación.

Puedes apostar por alguna herramienta avanzada para medir el riesgo de esta inversión, esto funciona como una protección para que alcances importantes posiciones a nivel volátil, obteniendo los movimientos que ha desarrollado este activo en el mercado, al observar estos resultados puedes medir los riesgos y tener responsabilidad por ello.

Distintas comunidades comparten el criterio de estudiar a fondo esta criptomoneda, puedes construir una gran estrategia para invertir por todo lo alto, esto se conoce como Popular Investors y los usuarios CopyFunds como un tipo de consejo para formar una cartera de inversión.

Lo que debes tener presente al invertir a largo plazo en criptomonedas

El retorno que existe sobre el mercado de las criptomonedas es llamativo, ya que es capaz de proporcionar hasta un

900%, ese nivel de retorno no se evidencia en ningún otro entorno financiero, porque con un buen acierto puedes invertir $500 USD y luego obtener como resultado hasta $5,000 USD, por ello se implementa con mayor regularidad.

Una inversión a largo plazo es una medida óptima, pero requiere de cuidado porque se mueve muy rápido, por ello la inclusión de estrategias es un requisito, sin dejar de ser beneficiosa para aumentar tu patrimonio, ya que estos mercados presentan una tendencia ascendente a medida que transcurre el tiempo, esto es parte de la motivación.

Además, invertir por ese tipo de activos no conlleva afrontar tantas comisiones, porque los exchanges generan un importe mínimo en comparación de otros métodos de inversión tradicionales, y es una medida menos riesgosa porque depende de tu pulso, es decir bajo tus propias acciones está el nivel de ganancias o pérdidas a afrontar.

Pero es importante que poseas una participación dentro del mundo de criptomonedas con un portafolio, junto con otros elementos que sean capaces de proporcionar una lectura mucho más a fondo que miden el potencial detrás de dichos activos, esto es un punto de partida para que puedas investigar más al respecto y puedas crear una línea de acción.

- **Indicadores de valor a largo plazo**

Para que poseas un seguimiento del valor de un activo a largo plazo, puedes desarrollar los siguientes apoyos o instrumentos de medida que te proporcionan una vista más exacta de lo que ocurre dentro de este mercado:

1. **Market Share**

Es descrita como una cuota de mercado que permite definir el nivel de proporción para que se desarrolle la capitalización del mercado, esta información de la criptomoneda es fundamental para realizar un seguimiento exhaustivo, ya que cuando existe una notoria cuota de mercado normalmente se trata de una dominancia.

El nivel de capitalización del mercado se refiere al espacio para conocer el nivel de viabilidad que existe a largo plazo, de ese modo puedes crear un portafolio que tenga futuro y sobre todo posibilidad de crecimiento.

2. **Valor de utilidad**

Cuando deseas conocer si una criptomoneda se va a mantener, desde que la compras hasta unos años próximos, puedes cuestionarte e investigar sobre la utilidad del activo, además de comprobar si se trata de un mercado activo con usuarios, ya que son puntos clave para saber si es probable que sea un activo adoptado.

Un ejemplo de verdadera utilidad es Ethereum, porque permite crear aplicaciones descentralizadas, es decir que hay una gran conveniencia o necesidad detrás de la misma, de ese modo es fácil aspirar a que se mantenga ya que responde a dicha utilidad, y así puedes incluir un activo sobre tu portafolio.

3. Volumen de transacción

Es un indicador empleado para saber si una criptomenda está siendo utilizada de verdad, esto se puede determinar bajo el volumen de transacción, sobre todo dentro de su nivel histórico también es un reflejo de la importancia que posee sobre el mercado, además es una señal de que esto irá en aumento y reafirma lo escalable que resulta sostener esa inversión.

4. Desarrollo de tecnología

Se considera como un aspecto clave a medir sobre las criptomonedas, ya que dispone de un análisis sobre la tecnología que sostiene dicho activo, esto es una señal para reconocer si es una alternativa con probabilidad de éxito en base a su desarrollo tecnológico, además es una vía sobre la cual se desarrollan transacciones, mientras más eficiente, más aumentan los números.

5. Noticias del mercado

En caso de que una criptomoneda esté bajo dificultades, puedes estudiar todo el asunto y determinar el nivel del problema involucrado, con tal que no sea un impedimento que limite la viabilidad a largo plazo, puedes seguir guiándote por otros detalles, porque el rol mediático no puede estar por encima del estudio previo.

Lo importante es que sepas lo que sucede para emitir alguna reacción o indagar sobre noticias de futuros lanzamientos, esto afecta por completo el precio del activo, por este motivo es una estela que no se debe pasar por alto, estar al día es una gran referencia para formar y tomar decisiones al portafolio de activos.

Estos son algunos indicadores básicos, son una señal de viabilidad antes de mover un dedo, al principio puedes tener esto en mente para tener un portafolio sólido, siempre y cuando puedas sostener un porcentaje de dichos activos que vayan acorde a los resultados generados por medio de las investigaciones.

- **La pasión por el riesgo**

No cabe duda que la determinación del lapso de inversión a largo plazo, se mide según la exposición de la criptomoneda elegida, pero también va de la mano de la capacidad de riesgo que toleres, es decir mientras asumas más riesgos puedes conseguirte con un movimiento ganador, sobre todo si se compara con lo que deja un mercado tradicional.

- **Las proyecciones con mayor popularidad**

En línea puedes encontrar una gran cantidad de recomendaciones para crear tu portafolio, con diferencias y preferencias personales que sacan a relucir las mejores opciones que existen para cosechar un buen margen de ganancias, esos esquemas en líneas poseen popularidad, pero tú puedes emplearlo como inspiración.

1. **Bitcoin**

En primer lugar, en toda cartera de inversión se ubica con perseverancia el Bitcoin, es un activo base sobre otras criptomonedas con la misma clasificación descentralizada, desde el 2009 como pionera funciona como una inspiración misma en el mundo financiero, por su amplia trayectoria se utiliza cada vez en más comercios.

El mercado de las criptomonedas es volátil, como parte de sus principales especificaciones, así que puedes establecer una cartera de bajo riesgo o que se ajuste a tu visión de negocios, pero en el caso del Bitcoin a largo plazo puede resultar un activo muy equilibrado, se nota de manera clara sobre la atención que recibe por las noticias.

2. **Bitcoin Cash**

Una segunda opción es Bitcoin Cash, esta es una alternativa parecida al concepto de Bitcoin, la diferencia es que esta posee un tamaño de bloque de 8MB, en cambio el bitcoin se ubica en 1MB, esto quiere decir que dispone de mayor velocidad para procesar transacciones y a un bajo coste.

Al tener presente estos movimientos distintivos entre Bitcoin y Bitcoin Cash, permite evidenciar que no se encuentran relacionados, pero un movimiento claro es que cuando el Bitcoin asciendo significa que el precio de Bitcoin Cash se mueve hacia abajo, este tipo de dato se puede utilizar como una estrategia para compensar un movimiento adverso del Bitcoin.

3. **Ethereum**

Ethereum es una opción muy diferente a Bitcoin, ya que su función es permitir el desarrollo de dApps usando contractos inteligentes, la moneda de dicho proyecto se denomina como Ether, es un entorno prometedor por todo lo que proporciona en temas de proposición o iniciativa.

4. **Litecoin**

Se reconoce como una promoción similar al status del oro del Bitcoin, por otro lado, representa un hard fork proveniente del Bitcoin, no hay duda que el Litecoin se puede utilizar como una moneda de intercambio de valor, pero el tiempo de generación de bloques es de al menos 2.5 minutos, si se compara con Bitcoin poseen una diferencia de 10 minutos.

El diseño de este activo se basa en un algoritmo de hash (Scrypt), lo cual es empleado para producir o generar la cadena de bloques, por ello se clasifica como una de las criptomonedas más modernas.

5. Monero

Monero cuenta con una gran semejanza a Bitcoin, porque su función es ser un intercambio de valor, pero su diferencia está en que se ha convertido en un activo que busca a toda costa garantizar la privacidad sobre los usuarios que participan en la cadena de bloques, por medio de un mecanismo de dirección que no se puede detectar.

El anonimato es cada vez más buscado y esto se hace realidad por medio de esta vía, por ello tu dirección no se expone por ningún motivo, en cambio sí inviertes en Bitcoin se puede rastrear, esto es fundamental en un entorno donde existen cada vez más regulaciones y la privacidad es útil al momento de involucrarse con transacciones.

6. Zcash

Zcash cumple con los mismos parámetros de Monero, ya que busca cuidar la privacidad a su máxima expresión, el anonimato sobre los usuarios es un requisito altamente demandado, es un medio que facilita el intercambio de información sin revelar las identidades de los participantes.

En líneas generales la inversión en el mercado de criptomonedas es emotiva, pero debes tener presente que requieres seguridad sobre los activos, esto significa que la elección del wallet es un paso fundamental, de este modo vas a participar en una inversión que pondrá prueba las emociones.

Esta clase de activos proporcionan un mayor nivel de retorno, por este motivo es inspirador, el abandono sobre los medios tradicionales de inversión se debe a las ventajas que esta oportunidad proporciona y al apoyo tecnológico, esto se hace realidad una vez que obtengas una estrategia de gran nivel para sobreponerte y resistir al mercado.

Las consideraciones y dudas sobre el trading a largo plazo

Por mucho tiempo se ha popularizado la idea de invertir a corto plazo, porque es un camino para cosechar un nivel de ganancias llamativo en poco tiempo, pero a largo plazo puedes encontrar menores riesgos y control sobre el nivel de ganancia al cual estas apuntando, estas son cualidades a tener presente entre una u otra medida.

Obtener dinero por medio de la comercialización de Bitcoin, como también por medio de otras criptomonedas no es una meta tan lejana ni tan sencilla, en primera medida depende de dos aspectos por un lado está el tiempo que dediques para lograrlo, y por otro el riesgo que eres capaz de asumir en ese proceso.

El plazo siempre va de la mano del tipo de riesgo a asumir, pero para decidirte con mayor propiedad sobre una opción u otra puedes considerar los siguientes puntos:

- **Al pendiente de opciones fraudulentas**

El amplio mundo del Bitcoin se encuentra conformado por importantes alternativas, en ocasiones tienen más que ver con invertir que con vender, por otro lado, debes tener cuidado con la cantidad de genios de trading o gurús que te vas a encontrar en este medio, porque te ofrecen invertir en algunas criptomonedas como una ayuda, pero son todo lo opuesto.

Las situaciones con las que debes lidiar son variadas, porque pueden ser estafas, y por otro lado también puede tratarse de la creación de una tendencia positiva al intensificar los precios, es decir son planes donde los clientes mismos además de pagar, funcionan como un trading intermediario para que este obtenga ganancias sobre su portafolio.

La atracción debe ubicarse directamente sobre los contenidos informativos, porque se trata de una formación académica que se proporciona con una finalidad de alcanzar un mejor rendimiento sobre todo cuando se trata de una inversión a largo plazo, esta es la mejor vía para aprender, más allá de que sea tentador pagar por datos o señales.

- **El presente vs el mañana**

Los datos alrededor de estas tendencias del mercado de criptomonedas, y en el mundo de las finanzas tradicionales, se trata de un medio donde se evidencia que debes implementar estrategias novedosas, porque si te apegas a prácticas del pasado, solo vas a obtener malos resultados, y una norma general es la de diversificar la inversión.

Por medio de diferentes criptomonedas se puede aprovechar un mayor nivel de interés compuesto, esto puede hacerse realidad por medio de ciertas plataformas del nivel o de la importancia de Binance, de ese modo las rentabilidades se empiezan a materializar sin tener que correr riesgos de seguridad.

A nivel de inversionistas, se expone que el trading es muy riesgoso para ti a nivel de salud, porque lo habitual es que sólo obtengas un rendimiento menor al que se expone o se encuentra en el mercado, por ello la idea de invertir sobre un ecosistema de criptomonedas te somete a muchos pasos y medidas para superar el miedo.

Aprender la habilidad de invertir en criptomonedas es un paso progresivo, es decir se trata de escaladas y ante todo de descubrimiento, por ello en promedio puedes toparte con decisiones que no son rentables, pero en la persistencia por encima de las pérdidas es que puedes cosechar ganancias, dejando a un lado los tropiezos del pasado.

Se puede comprobar que, para los inversionistas comunes, estos pasos no son rentables, sobre todo cuando vas sumando todos los aspectos de por medio y las comisiones, esto se encuentra planteado en las transacciones que realices, donde el margen de pérdida es elevado, aunque a largo plazo te quitas este tipo de dolor de cabeza.

- **La preferencia sobre el camino largo en las inversiones**

La data detrás de la inversión en criptomonedas a largo plazo, impone que los riesgos a corto plazo se pueden eliminar por completo, llegando a multiplicar el capital que posees, por ello la clave puede estar sobre la velocidad del trading, además del establecimiento de opciones seguras para que el rendimiento de la inversión se haga presente.

El retorno a largo plazo genera mayores porcentajes en algunos casos, además algunos Exchange cuentan con la opción de proporcionar interés compuesto, porque en el caso de Binance genera un 5% sobre muchas de las criptomonedas ofrecidas, por ello el simple hecho de mantener criptomonedas te puede brindar rendimientos anuales.

Las predicciones favorecen mucho más las inversiones a largo plazo, porque si optas por un corto plazo aumenta el riesgo ya que, si cosechas un porcentaje positivo de ganancia, luego lo puedes perder en otra inversión, en cambio a largo plazo posees el control para salirte cuando haya aumentado hasta el nivel o margen que esperas.

El rol de inversión del social trading

En la inversión de criptomonedas es vital reconocer lo que debes hacer y las consecuencias, de ese modo puedes aclarar el "cómo" invertir siguiendo los pasos correctos, para hacer esto realidad los expertos emiten ciertos consejos, para que la comunidad de inversionistas pueda elegir la criptomoneda adecuada.

La importancia de las criptomonedas en la actualidad trasciende hasta ser un instrumento financiero muy frecuentado, sobre todo porque se una modalidad de romper con las cadenas de la centralización, sólo debes superar el miedo a la volatilidad como primer paso para empezar a apostar por activos y que crezcan como Bitcoin y Ether.

Los récords de las criptomonedas dejan expuesta claramente la oportunidad de invertir en un proyecto, además puedes seguir por algunas opciones estables que son útiles para los conservadores, donde resalta la función de DAI o el propio Tether que se encuentra anclado al dólar y su valor.

Este tipo de tendencia a nivel internacional es una apuesta viva, por encima de alguna incertidumbre, esto se puede debatir por medio del estudio de mercadocripto, donde las estadísticas se convierten en un motivo mismo de confiar en este tipo de oportunidad financiera, generando un mayor nivel de confianza sobre los usuarios hacia las divisas.

Pero la verdadera razón por la que más personas deciden invertir en este medio, es bajo la conformación de estrategias a largo plazo, esto se debe mayormente a la desconfianza que existe sobre el sistema financiero tradicional, pero la mejor manera para dejar a un lado esta barrera el primer paso es comprarlas.

Por otro lado, debes pensar en la forma de usar dicho activo, por medio de holder definido como un tenedor o poseedor del activo, para luego convertirse en un trader u operador, esta fórmula mágica se hace realidad por medio del social trading, esto se trata de que tengas la capacidad de emplear distintas herramientas.

La vía para disminuir el riesgo, es por medio de diferentes elementos de medición, esto al mismo tiempo aumenta la curva de aprendizaje, para ello debes conocer o tener presentes estas medidas:

- **La función del social trading**

Se trata básicamente de duplicar la cartera digital que posea algún personaje de referencia, debe tratarse de alguien que sea reconocido en el mundo financiero, además de tener resultados comprobados en hechos reales, para que sigas sus inversiones apostando por los activos que estos consideran como activos.

Conseguir una alternativa de rentabilidad es posible por medio de esta vía, pero asumiendo la responsabilidad de tu elección, ya que esto no posee una garantía absoluta, puedes ganar y perder de igual manera, en el medio de las criptomonedas ninguna decisión es segura, pero al menos estás siguiendo una estrategia de un experto.

Los ánimos pueden estar mucho más calmados al saber que confías en datos confiables, en lugar de exponerte demasiado a los riesgos del mercado, esta idea es una ayuda para que adquieras atrevimiento.

- **Cómo ser parte del social trading**

En medio de una gran cantidad de plataformas de trading, vas a conseguir una sección destinada para las actividades sociales, esto es lo que permite el desarrollo de social trading, es un camino para que no tengas que dar pasos solo en este medio, ya que invertir puede ser un reto por completo para ti.

El social trading cada vez se vuelve más usado, por medio de datos como PrimeXBT e iProUP, contabiliza que alrededor de más de 9.000 usuarios se dedican a copiar estrategias empleando un capital alrededor de 10 millones de dólares, llegando a obtener importantes resultados de rentabilidad que ascienden hasta 5.560% según la elección.

Pero llegar a concretar resultados positivos es factible optar por portafolios que sean de alto riesgo, lo cual desde el inicio te indica que existen muchos factores de pérdida de por medio, pero una cartera que sea conservadora puede llegar a proporcionar un retorno de al menos un 30% de una renta mensual.

La ganancia de este método es 100% real, pero no te eximes de perder una cantidad de dinero considerable según tus elecciones, en toda clase de inversiones se deben contemplar los riesgos para cosechar ganancias, no hay un modo seguro de poder obtener dinero, sin exposición no vas a poder lograr el éxito.

Los pasos para utilizar esta estrategia al momento de invertir bajo social trading son simples y se resume a estas medidas:

1. A través de PrimeXBT por ejemplo, puedes ingresar y tener acceso hasta la pestaña denominada como Covesting, sobre esta opción te vas a encontrar con una importante cantidad de opciones para conformar estrategias ordenadas según el tipo de cualidades que elijas.

2. En medio de la selección, puedes optar por filtrar el grado de riesgo al cual te estás enfrentando, esto va de la mano con el tiempo a través del cual se va a operar, y sin olvidar confirmar la experiencia o trascendencia del administrador de dicha estrategia sobre la plataforma.
3. Encuentra una opción adecuada para tu perfil, puedes obtener algún tipo de ganancia rápida por medio de estrategias que sean de alto riesgo, como también a largo plazo, de ese modo los fondos son extendidos con mayor seguridad.

El tipo de plataforma social, es lo que proporciona un carácter sobre la inversión, es decir se traduce en una forma para comprobar el nivel de confianza que posee dicho pronóstico, ya que, si es un entorno con poca reputación, no es una buena opción para extender tus activos, además debes mantener una comunicación fluida con los inversores.

En medio de la comunidad, puedes sostenerte ante los reveses que se presenten en el mercado, pero también puede ser contraproducente porque puede despertar tus miedos, por ello puedes leer y cuidar el lado del anonimato, para que estés más concentrado en las operaciones únicamente.

Pero una clave para esta opción es no apegarse a una sola estrategia, mucho menos a un único personaje, además algunas ganancias pueden ser usados como señuelo por ello no te debes dejar llevar por promesas ni mucho menos, la concentración debe estar en los resultados, prefiere únicamente los administradores con mayor antigüedad.

La tendencia "HODL or die"

La recomendación de inversión en criptomonedas a largo plazo es un consejo diario sobre cualquier medio social, son movimientos financieros destacados porque algún margen histórico puede dejarte una ganancia considerable, pero también se deben esperar algunas caídas, esto quiere decir pérdidas, no una oportunidad para comprar porque puedes esperar algo que te cierre de otros activos.

Un enemigo a confrontar es el miedo o impulso por concretar ventas en alguna recesión de gran magnitud, sobre todo cuando a nivel histórico se reconoce que luego de esos escenarios es que se presenta un salto positivo, así que una venta apresurada no deja ningún tipo de utilidad, sino pérdidas de mayor nivel.

Permanecer con ingresos invertidos por encima de tiempos complicados, es una regla fundamental para participar a largo plazo sobre las criptomonedas, necesitas mantener la calma y esperar un lapso mayor de 1000 días para recuperarte, pero esto puede variar sobre los márgenes de rendimiento ya que se aprecian cambios muy drásticos.

El hodling es una práctica preferida en todos los sentidos, es un ecosistema sobre el cual vas a toparte con porcentajes de crecimiento que no imaginabas desde el inicio, por ello el tiempo es el mejor consejero para que obtengas utilidades, sin perder de vista la paciencia como un salvavidas para esperar el momento de vender.

Medidas para invertir en Bitcoin a largo plazo

No cabe duda que una criptomoneda de gran relevancia como Bitcoin posee ciertos detalles a no pasar por alto, por ello no puedes olvidar la formación sobre criptomonedas por medio de cursos donde se organizan estrategias especiales para los activos que tengas presente para incluir sobre tu portafolio.

Un medio de análisis se instaura sobre la red de Bitcoin, ya que ese control es lo que permite visualizar el movimiento que puede llegar a tener este activo popular a lo largo del mundo, además los propios usuarios son los que mantienen controlada las transacciones por la validación sobre los bloques de cadena.

El funcionamiento del Bitcoin depende de la cantidad de puntos que permitan o acepten este medio de pago, por este lado surge un tipo de seguridad para apostar por este activo, se concibe como un medio fiable es parte de la tecnología blockchain, se trata de un libro donde se albergan cada uno de los movimientos digitales.

Otra medida para ser parte de la inversión sobre el Bitcoin es bajo la minería, ya que al fin y al cabo son activos que poseen código encriptado, y el tiempo que esto conlleva depende directamente de la potencia de minado, pero la rentabilidad depende de los aparatos que utilices.

Los primeros pasos es comprar Bitcoin y elegir el monedero más seguro, luego la operación va de la mano con las acciones del manejo de las acciones, para ello debes seguir la evolución de dicho activo, hasta que alcance un momento oportuno para vender y que marque diferencia sobre el día que la compraste.

www.ingramcontent.com/pod-product-compliance
Lightning Source LLC
Chambersburg PA
CBHW070441220526
45466CB00004B/1746